Autora: **Samira Camargo**
Co-Autora & Ilustrações: **Galiana Le Diagon**
& crianças convidadas

Dados Internacionais de Catalogação na Publicação na (CIP)

C172s	Camargo, Samira, - autora
L473f	Le Diagon, Galiana, - co-autora e ilustradora

Vovó que barulho é este? : versão original em português. / ilustrações de convidados Mariana & Alice Le Diagon, Benjamin & João X. de Camargo, Victor & Alice Marie Degaine. / revisão: Samira Camargo e Célia Regina Cavicchia Vasconcelos. – São Paulo, SP : Autoras independentes, 2021.

24 p. : il. color. ; 21,5 x 21,5 cm.

ISBN: 9798679945340

1. Literatura infanto-juvenil. 2. Natureza. 3. Infância – medo.
4. Empatia. 5. Superação. I. Título.

Outras versões: francês - Mamie, c'est quoi ce bruit? ; inglês - Grandma, what is that noise? ; espanhol - Abuelita, que es ese ruido?

CDD: 028.5
CDU: 087.5

Catalogação na fonte: Thaís Gabrielly Fernandes Sousa, CRB-2/1680.

Houston/TX USA, Jun 2021

Ao Benjamin, João, Victor, Alice Marie e às gêmeas Mariana e Alice.
A todas as crianças que têm medo ou que alguma vez sentiram pavor de algo.
Queremos lembrá-las de que é possível superá-lo.

*Cada livro da autoras com esse símbolo,
sinaliza que parte do lucro arrecadado com as
vendas será doado a projetos sociais à escolha
das autoras.

Benjamin, um garotinho de apenas três anos,
estava no último andar do prédio com a vovó
passando um tempo juntos, enquanto vovó lia para ele.
Era um mês de muita chuva.

Até então, Benjamin nunca tinha falado do grande barulho,
talvez por não ter prestado muita atenção.
De repente, o barulho ficou intenso!

A chuva e o trovão.
Desenho de João Xavier de Camargo.

–O que é este barulho, vovó? Estou com medo!
Vovó ficou pensativa… –É o trovão!
–Trovão, vovó?– Benjamin parecia um tanto preocupado.
–Sim, é o barulho do trovão.
Benjamin nunca tinha prestado atenção nesse barulhão.

–O que é o trovão, vovó? Vovó pensou um momento em como responder e, em seguida, falou: –Trovão é o barulho que acorda a chuva. As nuvens batem uma na outra mandando o raio e o barulho. Benjamin, ainda muito pensativo e intrigado com a resposta de sua avó, perguntou: –Acordar a chuva? –Sim, acordar a chuva.

TRUMMM !!!

Para sorte da vovó,
veio o raio e o barulho muito forte do trovão.
Logo após o barulho do trovão, a chuva
caiu lá do céu. Benjamin ficou atento e
não teve mais medo.

–Vovó, a chuva acordou!
–Sim, Benjamin. Você sabia que, quando
a chuva cai lá do céu,
as árvores e as plantas ficam felizes?
–É, vovó? Pois, então, eu quero ver!

Benjamin ficou encantado e agora, quando
escuta o grande barulho,
não tem mais medo e vai logo dizendo:
–Vovó! O trovão está acordando a chuva!

Vovó esperou a chuva diminuir e, juntamente com o vovô, levou Benjamin
e os priminhos que haviam acabado de chegar de muito longe,
até a praça para contemplar o jardim feliz depois da chuva.

A vovó e o vovô, ao verem os olhos encantados das crianças, aproveitaram o momento para falarem da importância da chuva para todos os seres vivos: os agricultores, as árvores, os animais, as flores, antes de desaguar para os rios e mares.
Logo depois, vovó e vovô convidaram as crianças para desenhar.

Crianças brincando na chuva.
Desenho de Victor Degaine.

Em dias de chuva, eu me sinto segura dentro de casa.
Desenho de Alice Marie Degaine.

Raios. Desenho de Benjamin Xavier de Camargo.

Desenhado pela menina que ainda existe dentro de mim.
Quando criança, imaginava soldadinhos d'água nas gotas de chuva.

Este relato está no meu livro *O Fantástico Mundo de Zali*.

A chuva mais famosa foi a da história da Arca de Noé.
Desenho de Alice Le Diagon.

Na Amazônia, os índiozinhos gostam muito da chuva.
Desenho de Mariana Le Diagon.

Eu amo chuva com sol. Eu, mamãe e minha irmãzinha.
Desenho de Mariana Le Diagon.

Eu, a mamãe e minha irmãzinha brincando na chuva.
Desenho de aquarela e digital de Alice Le Diagon.

Algumas mamães acalmam suas crianças brincando que a tempestade de chuvas e raios são como se Deus estivese tirando fotos da terra. E, quando o trovão esbraveja, pedem silêncio. –Shhhhhhhiiiii!!!

20

Alguns papais gostam de explicar os aspectos científicos da chuva.
Sentir medo é também um instinto de auto defesa. Medo na medida certa é saudável,
pois nos preserva de perigos, por exemplo, como botar a mão no fogo, ou nos
arriscarmos em perigos desnecessários. Mas o medo exagerado deve ser tratado,
pois ninguém é feliz sentindo medo o tempo todo. Tudo em exagero faz mal.

1. As nuvens são compostas de microgotículas de água e pequenos cristais de gelo; funcionam como prismas que decompoem a luz solar nas cores do arco-íris (vermelho, laranja, amarelo, verde, azul, anil e roxo). O aspecto branco das nuvens se dá por causa da soma de todas essas cores.

2. As microgotículas de água são formadas pela condensação (quando a água passa do estado gasoso para o líquido) do vapor que flutuam na atmosfera. Quando essas gotículas se juntam devido a choques, formam gotas maiores e, com o peso, caem como chuva.

3. As nuvens de chuva ficam escuras porque não permitem que a luz solar as atravesse. A parte maior da luz solar é refletida e volta para o céu; outra consegue atravessar as nuvens, e uma parcela ainda menor é absorvida por elas (de 5% a 10%). Como as nuvens de chuva são bastante densas e têm grande profundidade, a quantidade de luz que passa por elas é muito pequena. Se um avião sobrevoar essas nuvens, elas parecerão bastante claras, pois irão refletir quase toda a luz que recebem. Nuvens também são chamadas cúmbulos-nimbos e estratos-nimbos.

4. As nuvens ficam suspensas no ar pela constante evaporação e condensação do vapor de água que as forma. A grandes altitudes, o ar frio provoca a queda das gotas de água. Ao alcançar as camadas inferiores de ar mais quente, elas evaporam e sobem para se condensar outra vez, repetindo o ciclo.

5. A cada segundo, chove sobre a Terra 16 bilhões de litros de água, o que seriam várias piscinas olímpicas cheias.

6. A chuva ácida (termo criado em 1972) acontece quando a água entra em contato com partículas de dióxido de enxofre, provenientes da poluição, transformando-se em ácido sulfúrico.

Esse tipo de chuva causa sérios danos ao meio ambiente, às pessoas e às cidades. A primeira observação desse fenômeno foi feita em 1852, pelo estudioso Robert Angus Smith que identificou uma relação entre a poluição e a chuva corrosiva que caía na famosa cidade industrial de Manchester, na Inglaterra.

7. A inversão térmica contribui para compor o "cenário" propício para a chuva ácida. Esse fenômeno acontece quando a massa de ar, por algum motivo, não segue seu caminho natural. Normalmente, o ar quente sobe, é resfriado, e desce. Quando o ar quente fica preso sobre as nuvens, acontece a inversão térmica. O ar quente carrega partículas de fumaça e poluição, que ficam depositadas nas nuvens. Isso aumenta a probabilidade de uma chuva ácida acontecer, além de acarretar problemas respiratórios.

8. O Brasil é recordista mundial de descargas elétricas de raios. São 77,8 milhões todos os anos. 300 atingem pessoas.

9. O arco-íris é um fenômeno óptico que se forma em razão da separação das cores que formam a luz solar. Pode ser observado sempre que existirem gotículas de água suspensas na atmosfera e a luz solar estiver brilhando acima do observador em baixa altitude ou ângulo; pode acontecer durante ou após uma chuva.

Você conhece a dança da chuva?

Em 1998, o estado de Roraima teve quase 1/4 de seu território queimado devido a uma seca que durou três meses. Depois de frustradas tentativas de apagar o fogo, o Governo resolveu recorrer à crendice popular. Dois índios de caiapós, Kucrit e Mantii, foram levados do Mato Grosso até Boavista para executarem a dança da chuva. As passagens e o hotel foram pagos pela Funai. Os dois pajés dançaram durante 40 minutos, às margens do rio Curupira, pedindo chuva que apagou a maior parte dos focos de incêndio.

* Quando eu era criança, eu e minhas amigas sempre brincávamos de dança de chuva que era fazer marcas na terra molhada com os nossos calcanhares para chamar o sol. Era muito divertido e essa experiência foi relatada no livro *O fantástico mundo de Zali*.

Na crença popular, se diz que quando chove é porque São Pedro está abrindo a torneira do céu. Falam também que o barulho dos trovões é São Pedro mudando os móveis de posição.

Para se proteger em dias chuvosos:

• Fique em casa e saia somente se for absolutamente necessário.
• Mantenha-se afastado de cercas, alambrados, linhas telefônicas ou elétricas e estruturas metálicas.
• Não manipule materiais inflamáveis em recipientes abertos. Se você estiver viajando, permaneça dentro do automóvel que é excelente proteção contra raios.
• Mantenha-se longe de árvores isoladas e evite praias, rios e piscinas.
• Em casa, permaneça longe de portas e janelas. Evite áreas altas, uso de aparelhos eletrodomésticos e mantenha-os desligados das tomadas.
• Use o telefone somente em uma emergência.
• Em caso de descarga elétrica em seu corpo (caracterizada por eriçamento do cabelo e formigamento da pele), jogue-se ao chão.
• Na floresta, procure um conjunto de árvores regulares e numa zona baixa, mas longe d'água. Afaste-se de troncos e raízes.
• Se for apanhado em céu aberto, evite árvores isoladas; faça do corpo uma "bola com pés", acocorando-se com eles o mais junto possível.
• Não toque com as mãos no chão.
• Para minimizar o número de pessoas afetadas por um raio, não se junte a grupos. A corrente elétrica pode passar de uma pessoa para outra sem que elas se toquem. Afaste-se de objetos metálicos, especialmente armações de tendas e barracas, ou cercas de arame, uma vez que se trata de bons condutores.
• Quando acampar, monte sua barraca longe de lugares com maior probabilidade de queda de um raio, tais como, árvores altas e isoladas.
• Em dias chuvosos, é muito bom ficar com a família quietinho e seguro em casa, vendo a chuva cair e quem sabe estourar pipocas para comer, brincar de jogos de cartas, dominó, caça palavras, ao invés de brinquedos eletrônicos.